ANTÍGONA GONZÁLEZ

[

: Sara Uribe

Translation by John Pluecker

]

FIRST EDITION
Text and cover design by Les Figues Press.
First published as *Antígona González* by Sur+ Editions, 2012.
ISBN 13: 978-1-934254-64-6
ISBN 10: 1-934254-64-9
Library of Congress Control Number: 2015959217

Esta publicación fue realizada con el estímulo del Programa de Apoyo a la Traducción (PROTRAD) dependiente de instituciones culturales mexicanas.

This publication was undertaken with help from the Program for the Support of Translation (PROTRAD), an agency of Mexican cultural institutions.

Excerpts of this translation previously appeared in *Dusie, Mexico City Lit,* and *Raspa Magazine.* In making this book, special thanks to: Nadu Barbashova and M. Carson Day. Les Figues would also like to acknowledge the following individuals for their generosity: Peter Binkow and Johanna Blakley, Lauren Bon, Elena Karina Byrne, Pam Ore and Sara LaBorde, Coco Owen, and Dr. Robert Wessels. Les Figues Press is a 501c3 organization; donations are tax-deductible.

Les Figues Press titles are available through Small Press Distribution, http://www.spdbooks.org
IN OTHER WORDS, Translation Series, Book No. 1

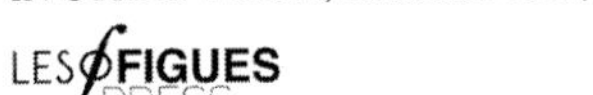

A Ramón Mier y Francisco Arenas
For Ramón Mier and Francisco Arenas

¿De qué se apropia el que se apropia?

Cristina Rivera Garza

What does the appropriator appropriate?

Cristina Rivera Garza

INSTRUCCIONES PARA CONTAR MUERTOS

INSTRUCTIONS FOR COUNTING THE DEAD

Uno, las fechas, como los nombres, son lo más importante.
El nombre por encima del calibre de las balas.

Dos, sentarse frente a un monitor. Buscar la nota roja de todos los periódicos en línea. Mantener la memoria de quienes han muerto.

Tres, contar inocentes y culpables, sicarios, niños, militares, civiles, presidentes municipales, migrantes, vendedores, secuestradores, policías.

Contarlos a todos.

Nombrarlos a todos para decir: este cuerpo podría ser el mío.

El cuerpo de uno de los míos.

Para no olvidar que todos los cuerpos sin nombre son nuestros cuerpos perdidos.

Me llamo Antígona González y busco entre los muertos el cadáver de mi hermano.

First, the dates, like the names, are the most important.
The name, even more than the caliber of the bullets.

Second, sit in front of a monitor. Search out the crime news from all the newspapers on line. Preserve the memory of those who have died.

Third, count both innocent and guilty, killers, children, soldiers, civilians, mayors, migrants, vendors, kidnappers, police.

Count them all.

Name them all so as to say: this body could be mine.

The body of one of my own.

So as not to forget that all the bodies without names are our lost bodies.

My name is Antígona González and I am searching among the dead for the corpse of my brother.

Soy Sandra Muñoz, vivo en Tampico, Tamaulipas y quiero saber dónde están los cuerpos que faltan. Que pare ya el extravío.

Quiero el descanso de los que buscan y el de los que no han sido encontrados.

Quiero nombrar las voces de las historias que ocurren aquí.

I am Sandra Muñoz, I live in Tampico, Tamaulipas and I want to know where the missing bodies are. For all those lost to appear.

I want rest for those who are searching and for those who have not been found.

I want to name the voices behind the stories that take place here.

[

: *¿Quién es Antígona dentro de esta escena y qué vamos a hacer con sus palabras?*

: *¿Quién es Antígona González y qué vamos a hacer con todas las demás Antígonas?*

: *No quería ser una Antígona*

pero me tocó.

]

[

: *Who then is Antigone within such a scene and what are we to make of her words?*

: *Who is Antígona González and what are we going to do with all the other Antigones?*

: *I didn't want to be an Antigone*

but it happened to me.

]

No querían decirme nada.

Tadeo no aparece. No querían decirme nada.

Un vaso resbalando de una mano húmeda. Estrépito de cristales. El nudo en el vientre. El nudo y la náusea. El nudo. Pequeñas gotas de sangre fresca sobre los mosaicos.

Un vaso roto ya no es un vaso. Eso pensé. Eso les dije.

¿Qué es lo que murmuran? ¿Por qué todo lo deslizan en voz baja? ¿Qué es lo que están deshaciendo? Te estamos diciendo que Tadeo no aparece. Te estamos diciendo que somos muchos los que hemos perdido a alguien.

They didn't want to tell me anything.

Tadeo hasn't appeared. They didn't want to tell me anything.

A glass slipping from a wet hand. Shattering shards. The knot in the stomach. The knot and nausea. The knot. Small drops of fresh blood on tiles.

A broken glass is no longer a glass. That's what I thought. That's what I told them.

What are they murmuring? Why do they mutter everything under their breath? What are they erasing? We're telling you that Tadeo has not appeared. We're telling you that there are a lot of us who have lost someone.

No querían decirme nada. Querían huir de la ciudad. *Por eso muchas casas están abandonadas, las puertas tienen candados pero adentro aún hay muebles, porque en la huida sus habitantes…* ¿Ves la ironía, Tadeo? Ellos sólo quieren desvanecerse y que los últimos ojos que te vieron no los miren.

They didn't want to tell me anything. They wanted to escape from the city. *That's why so many homes are abandoned, there are locks on the doors but inside there's still furniture, because on their way out the people who live there…* Do you see the irony, Tadeo? They just want to vanish. And for the last eyes that saw you not to watch them.

Un vaso roto. Algo que ya no está, que ya no existe.
Que se halla en paradero ignorado, sin que se sepa si vive.
Sin que se sepa.

Yo me quedé pensando en el verbo desaparecer. Ellos dijeron: Tadeo no aparece y yo pensé en el mago que iba a nuestra primaria. En Tadeo tras la celosía mirando a hurtadillas porque a nuestra madre no le alcanzaba para darnos los cinco pesos de la función. Desaparecer siempre fue para mí un acto de prestidigitadores. Alguien desaparecía algo y luego lo volvía a aparecer.

Un acto simple.

A broken glass. Something that no longer is, that no longer exists. *That is found in unidentified whereabouts, with no idea whether still alive.* With no idea.

I was left thinking about the verb to disappear. They said: Tadeo hasn't appeared and I thought of the magician who would come to our elementary school. Of Tadeo sneaking behind the lattice to watch because our mother couldn't come up with the five pesos for the show. For me, disappearing was always an illusionist act. Someone made something disappear and then made it appear again.

A simple act.

Pero *ni rastro de fiera ni de perros que te hubieran arrastrado para destrozarte*. Donde antes tú ahora el vacío. Nadie llamó para pedir rescate o amedrentarnos. Nadie dijo una sola palabra: como si quisieran deshacerte aún más en el silencio.

Yo les hubiera agradecido que a donde se lo hubieran llevado, mejor lo hubieran dejado muerto, porque al menos sabría yo dónde quedó, dónde llorarle, dónde rezar. A lo mejor ya me hubiera resignado.

But *no signs of any wild beast or any dog that had come and torn your body*. Where you were before, now empty space. No one called to ask for a ransom or to threaten us. No one said a single word: as if they sought to erase you even more in silence.

I'd be grateful just to know where they'd taken him, it'd be better if they'd left him dead, because at least then I'd know where he ended up, where to cry for him, where to pray. I probably would have accepted it by now.

Una mujer intenta narrar la historia de la desaparición de su hermano menor. Este caso no salió en las noticias. No acaparó la atención de ninguna audiencia. Se trata sólo de otro hombre que salió de su casa rumbo a la frontera y no se le volvió a ver. Otro hombre que compró un boleto y abordó un autobús. Otro hombre que desde la ventanilla dijo adiós a sus hijos y luego esa imagen se convirtió en lo único que un par de niños podrá registrar en su memoria cuando piensen en la última vez que vieron a su padre.

A woman attempts to tell the story of her younger brother's disappearance. This case wasn't on the news. It never merited a hearing. It's just another man who left his house and headed to the border, never to be seen again. Another man who bought a ticket and boarded a bus. Another man who waved goodbye to his children from the window and then that image became the only thing a couple of kids will remember when they think about the last time they saw their father.

[

: *Antígona Vélez le fue encargada a Leopoldo Marechal por José María Unsai, director del Teatro Cervantes, a principios de 1951. El único original mecanografiado le fue entregado a la protagonista, Fanny Navarro, quien lo perdió en un viaje a Mar del Plata.*

: *La interpretación de Antígona sufre una radical alteración en Latinoamérica–en donde Polínices es identificado con los marginados y desaparecidos.*

: *Escrita como un largo poema en verso libre, el texto contiene innumerables fragmentos de letras de tango, que en su distorsión y alteración, plena de nuevos significados y entrecruzamientos*

: *en su distorsión y alteración Polínices es identificado con los marginados y desaparecidos*

: en su distorsión y alteración Polínices es Tadeo.

]

[

: *Early in the year 1951, José María Unsai, the director of the Teatro Cervantes, commissioned Leopoldo Marechal to write Antígona Vélez. The only typed original was given to the lead actor, Fanny Navarro, who lost it on a trip to Mar del Plata.*

: *The interpretation of Antigone is radically altered in Latin America— Polynices is identified with the marginalized and disappeared.*

: *Written as a long poem in free verse, the text contains innumerable fragments from tango lyrics, which, distorted and altered, full of new meanings and interweavings*

: *distorted and altered, Polynices is identified with the marginalized and disappeared*

: distorted and altered Polynices is Tadeo.

]

No querían decirme nada. Como si al nombrar tu ausencia todo tuviera mayor solidez. Como si callarla la volviera menos real. No querían decirme nada porque sabían que iría a buscarte. Sabían que iría a tu casa a interrogar a tu esposa, a reclamarle que no diera aviso de inmediato, que nadie denunciara tu desaparición.

Nuestro hermano mayor y tu mujer en la pequeña sala de tu casa. Tus hijos jugando futbol con los vecinos.

Nuestro hermano mayor y tu mujer diciéndome que Ninguno había acudido a las autoridades, que Nadie acudiría, que lo mejor para todos era que Nadie acudiera.

They didn't want to tell me anything. As if by naming your absence everything would become more solid. As if keeping it quiet would make it less real. They didn't want to tell me anything because they knew I would go search for you. They knew I'd go to your house to ask your wife questions, to ask why she didn't go to the authorities immediately, why no one reported your disappearance.

Our older brother and your wife in your house's tiny living room. Your children playing soccer with the neighbors.

Our older brother and your wife telling me that No One had gone to the authorities, that Nobody would go, that the best thing for everyone was for Nobody to go.

Son de los mismos. Nos van a matar a todos, Antígona. Son de los mismos. Aquí no hay ley. Son de los mismos. Aquí no hay país. Son de los mismos. No hagas nada. Son de los mismos. Piensa en tus sobrinos. Son de los mismos. Quédate quieta, Antígona. Son de los mismos. Quédate quieta. No grites. No pienses. No busques. Son de los mismos. Quédate quieta, Antígona. No persigas lo imposible.

Pero *¿cómo no voy a buscar a mi hermano?* Díganmelo ustedes ¿Cómo no voy a exigir su cuerpo siquiera para enterrarlo? ¿Cómo voy a dormir tranquila pensando en que puede estar en un barranco, en un solar baldío, en una brecha?

They're one and the same. They're going to kill all of us, Antígona. They're one and the same. There's no law here. They're one and the same. There's no country here. They're one and the same. Don't do anything. They're one and the same. Think of your nephews. They're one and the same. Keep quiet, Antígona. They're one and the same. Keep quiet. Don't shout. Don't think. Don't search. They're one and the same. Keep quiet, Antígona. Don't go after the impossible.

But *how could I not search for my brother?* Tell me, all of you. How could I not demand his body even if just to bury it? How could I sleep peacefully thinking it might be in some ravine, in some abandoned lot, on some back road?

Ellos insisten en que estás vivo porque los enceguece el miedo. Ellos repiten y repiten que vas aparecer cualquier día de éstos pero cuando callan los rasga el miedo. Ellos se atreven a argumentar que lo más probable es que te hayas ido con otra mujer, pero los desmiente su propio miedo. Reprueban que busque tu cadáver y es miedo. Ellos no quieren fotografías ni que sus nombres se publiquen y yo los entiendo porque tienen miedo.

Y yo no los entiendo porque necesito saber dónde estás.

Ellos dicen que sin cuerpo no hay delito. Yo les digo que sin cuerpo no hay remanso, no hay paz posible para este corazón.

Para ninguno.

They insist you're alive because they're blinded by fear. They say over and over again you're going to appear any day now but when they grow quiet they're ravaged by fear. They have the audacity to say you probably went off with another woman, but their own fear contradicts that. They disapprove of me searching for your corpse and it's out of fear. They don't want photographs or for their names to be published and I understand them because they're afraid.

And I don't understand them because I need to know where you are.

They say without a body there's no crime. I tell them without a body there's no refuge, no peace possible for my heart.

For anyone.

[

: *La argentina Griselda Gambaro utiliza la figura de Antígona para criticar el gran número de desaparecidos durante la dictadura militar que existió en su país.*

: Antígona Furiosa *es un pastiche.*

: Antígona Furiosa *es también la indagación sobre quién es el verdadero héroe.*

]

[

: *The Argentinian author Griselda Gambaro uses the figure of Antigone to critique the large number of people disappeared during the military dictatorship in her country.*

: Antígona Furiosa *is a pastiche.*

: Antígona Furiosa *is also an inquiry into the identity of the real hero.*

]

Una mujer presenta una denuncia ante el ministerio público por la desaparición de su hermano. En su declaración consta que los hechos no fueron reportados de inmediato por temor a represalias. En su declaración consta que las líneas de autobuses se negaron una y otra vez a dar razón del paradero de su hermano. Una mujer que sale del ministerio público es abordada por un hombre que la jala del brazo y le dice quedito: *Vale más que dejen de chingar. Ustedes síganle y se los va a llevar la chingada.*

A woman makes a report at the district attorney's office about her brother's disappearance. In her declaration, she states that the situation wasn't reported immediately due to fear of retaliation. In her declaration, she states that the bus companies repeatedly refused to provide information on her brother's whereabouts. A woman leaving the district attorney's office is approached by a man who pulls her by the arm and whispers in her ear: *You all better stop fucking around. Keep doing this and you'll fucking end up dead.*

[

: *¿Es posible entender ese extraño lugar entre la vida y la muerte, ese hablar precisamente desde el límite?*

: *una habitante de la frontera*

: *ese extraño lugar*

: *ella está muerta pero habla*

: *ella no tiene lugar pero reclama uno desde el discurso*

: *¿Quieres decir que va a seguir aquí sola, hablando en voz alta, muerta, hablando a viva voz para que todos la oigamos?*

]

[

: *How do we understand this strange place of being between life and death, of speaking precisely from that vacillating boundary?*

: *a woman living on the border*

: *this strange place*

: *she is dead yet speaks*

: *she is the one with no place who nevertheless seeks to claim one within speech*

: *Do you mean that she will continue here on her own, speaking aloud, dead, speaking at the top of her voice for all of us to hear?*

]

Rezo para que tu cuerpo ausente no quede impune. Para que no quede anónimo. Rezo para tener un sitio a dónde ir a llorar. *Rezo por los buenos y por ellos, porque si ellos no tienen corazón, yo sí.*

I pray for your missing body to be granted justice. For it to be granted a name. I pray I'll have a place to go to cry. *I pray for those who are good and for the others, because even if they have no heart, I do.*

[

: En su sueño, para llegar a Tebas, la ciudad abismo, tenía que atravesar *una estancia llena de grandes vasos de vidrio muy diáfanos que apenas se veían. Estaba obligada a pasar entre ellos sin quebrar ninguno, sin hacerlos temblar.*

: *Y así lo hacía.* Nunca quebró ningún vaso.

: Nunca atravesó el umbral.

]

[

: In her dream, in order to reach Thebes, the abysmal city, she had to cross *a room full of huge, diaphanous glasses that could hardly be seen. She was forced to walk among them without breaking any, without making them tremble.*

: *And that's what she did.* She never broke a single glass.

: She never crossed the threshold.

]

¿ES ESTO LO
QUE QUEDA DE
LOS NUESTROS?

IS THIS ALL THAT
REMAINS OF
OUR PEOPLE?

En mi sueño tengo la certeza de que una de esas maletas es la de Tadeo. Mamá le puso ese nombre porque fue con el que más batalló al nacer. Le ofreció noventa novenas a San Judas si le salvaba al niño. Las rezó y lo bautizó en su honor para que siempre lo alumbrara la esperanza de los desesperados. Para que al más pequeño de sus hijos nunca se le olvidara que desde su nacimiento había vencido la adversidad.

In my dream, I'm certain one of those suitcases is Tadeo's. Mamá gave him that name because he was the one who struggled the most at birth. She promised ninety novenas to Saint Jude if he would save her son. She prayed those novenas and baptized him in his honor so that the hope of the hopeless would always shine on him. So that the smallest of her children would never forget that from his very birth he had overcome adversity.

Monterrey, Nuevo León. 26 de enero.
Tres hombres muertos y amordazados fueron
encontrados en una tumba del panteón municipal
Zacatequitas, ubicado en el poblado Zacatecas, en el
municipio de Pesquería. Se estimó que pudieron
haber sido enterrados hace más de dos años.

Monterrey, Nuevo León. January 26.
Three men were found dead with their mouths
gagged in a tomb at the Zacatequitas municipal cemetery,
located in the town of Zacatecas, in the municipality of
Pesquería. It was estimated they may have been
buried more than two years ago.

Por eso sé que no estás vivo. Si estuvieras vivo habrías dado señales, habrías llamado, habrías enviado un mensaje. Si estuvieras vivo habrías luchado hasta la muerte por hacérmelo saber.

De cualquier forma, si por un milagro te hubieras salvado, ya habrías conseguido que te pegaran un tiro, Tadeo. Tú no ibas a servirles para esas cosas de andar matando gente.

Dicen que para eso es que los quieren ¿no? Para reclutarlos por la fuerza en sus huestes. Para usarlos como escudos.

Por eso cuando veo los noticieros, la verdad es que ya no sé qué creer ni a quién creerle. Cuando con vanagloria anuncian la captura o muerte de "civiles armados", yo ya no sé si esos hombres, si esas mujeres que miran a la cámara con rostro impenetrable desde el paredón de los acusados o que yacen inertes sobre el asfalto, de verdad son delincuentes o sólo carne de cañón. Acá, Tadeo, se nos han ido acabando las certezas. Día a día se nos resbalaron sin que pudiéramos retenerlas.

That's how I know you're not alive. If you were alive, you would have given some sign, you would have called, you would have sent a message. If you were alive, you would have fought to the death to let me know.

In any case, if by some miracle you'd saved yourself, by now you'd have forced them to put a bullet in you, Tadeo. You wouldn't be of any use to them for those things, killing people.

People say that's why they want them, right? To force them to join their ranks. To use them as shields.

That's why when I watch the news, the truth is I don't know what to believe or who to believe. When they brag about arresting or killing "armed civilians," I'm not sure anymore if those men or those women staring into the camera with their impenetrable faces in those mug shots or the ones lying motionless on the asphalt, if they really are the criminals or just cannon fodder. Around here, Tadeo, we are less and less certain of anything. Day after day our certainties have slipped away from us. We've been unable to hold on.

[

: *Todos vienen a ser sepultados vivos, los que han seguido vivos, los que no se han vuelto, tal como ellos decretan, de piedra.*

: Los que no se han vuelto. Los que no se han vuelto.

: *Ellos son sólo muertos que vuelven para llevarte con los muertos.*

: Todos vuelven. Son de los mismos. De piedra. Todos. Vuelven. De piedra.

: *Eres tú quien nos quiere del todo muertos.*

[

: *All of them come to be buried alive, the ones who are still alive, the ones who have not returned, just as they decree, made of stone.*

: The ones who have not returned. The ones who have not returned.

: *They are only the dead who return to take you along with the dead.*

: All of them return. They are one and the same. Made of stone. All of them. Return. Made of stone.

: *You are the one who wants us everyway dead.*

: De piedra. Muertos. Los que no se han vuelto.

: *Pero no es así, vivos estamos porque esta guerra no se acaba.*

: Vivos estamos. Los que no nos hemos ido. Vivos. Aquí.

]

: Made of stone. Dead. The ones who have not returned.

: *But it's not like that, we are alive because this war doesn't end.*

: We are alive. We, the ones who have not left. Alive. Here.

]

Amealco, Querétaro. 15 de febrero.
Los cuerpos de dos mujeres y un hombre, todos con el tiro de gracia, fueron localizados cerca del límite entre Guanajuato y Querétaro. Sobre una barda anexa se encontró un mensaje escrito en una cartulina.

Amealco, Querétaro. February 15.
The bodies of two women and one man, all executed at close range, were located near the border between Guanajuato and Querétaro. Tacked to a nearby wall a message was found written on a piece of cardboard.

Hay noches en que te sueño más flaco que nunca. Puedo ver tus costillas. No traes camisa y andas descalzo. Puedo ver tus ojeras y tu cansancio de días. Andas solo por ahí en las noches, recorriendo calles de ciudades desconocidas. Andas rastreándome, Tadeo, como quien se aferra a algo incierto, como quien aún en la zozobra guarda un poco de cordura y busca la salida de emergencia. Andas buscándome en la oscuridad y a tientas porque de algún modo intuyes que voy tras de ti. Por eso te pienso todos los días, porque a veces creo que si te olvido, un solo día bastará para que te desvanezcas.

Some nights I dream you are thinner than ever. I can see your ribs. You're not wearing a shirt, and you're barefoot. I can see the bags under your eyes and days worth of exhaustion. You're walking alone somewhere at nighttime, wandering streets of unfamiliar cities. You're following me, Tadeo, like someone grasping onto some uncertain shred, like someone who retains a bit of sanity even while panicking and searches for the emergency exit. You're searching for me in the darkness and feeling your way along because somehow you know I'm behind you. That's why I think of you every day, because sometimes I think if I forget you, just one day would suffice for you to vanish.

Otras noches te sueño de niño, en el río, junto a los sabinos. Sueño ese rumor del agua sobre las piedras. Esa humedad bajo los árboles.

Other nights I dream you are a child, in the river, by the cypresses. I dream of that murmur of water over stones. That humidity under the trees.

Mamá solía llevarnos con frecuencia en el verano, decía que sólo así conseguía apaciguarnos los días más calurosos. Una ensalada de atún, una barra de pan, un termo con agua de limón, un par de toallas y su tejido, eso era todo lo que necesitábamos.

Mamá used to take us often in the summer. She said it was the only way to calm us down on the hottest days. A tuna salad, a loaf of bread, a thermos of agua de limón, a couple of towels and her knitting. That's all we needed.

Al llegar lo primero que hacías era arrancarte camisa, pantalón y zapatos. Una vez cercanas las aguas era imposible domesticarte: corrías hacia el árbol más alto, trepabas por sus ramas y te aventabas sin más a las pozas.

Aprendiste tú solo a nadar, nunca te dio miedo. Ni siquiera después de aquella vez que caíste mal y te abriste la frente. La sangre escurría mezclada con el agua por tu rostro mientras te regañaban. A ti parecía no importarte. Recuerdo tu mirada perdida. Estabas ahí con los puños apretados, sin quejarte de que mamá te limpiara la herida, pero al mismo tiempo estabas en otra parte.

When we got there, the first thing you'd do is rip off your shirt, pants and shoes. Once you were near the water, there was no way to tame you: you'd run toward the tallest tree, clamber up its branches and throw yourself into the river without a second thought.

You learned to swim by yourself. You were never scared. Not even after that time you fell and cut your forehead open. The blood dribbled down your face, mixing with the water, as they lectured you. It seemed like you didn't care. I remember your faraway gaze. You were standing there with your fists balled up, not complaining about mamá cleaning your cut, but at the same time you were somewhere else.

Me gusta soñar ese río ¿sabes? Me gusta porque sé que no volveremos jamás a sus aguas.

I like dreaming about that river, you know? I like it,
because I know we'll never return to its waters.

[

: *Pero el sueño se iba de mí y yo me quedaba como un caballito del diablo sobre una hoja o debajo de la hoja, verde como ella y sin peso, cerca del agua al borde de la acequia o del cántaro.*

: *Como el sueño, eras lo que desaparece, y eras también todos esos lugares vacíos que no desaparecen.*

: Sobre una hoja o debajo de una hoja. Como en el sueño.

: Eras todas las horas del día. Sobre una hoja. Bajo una hoja. Cerca del agua. Al borde. Frente a un agente del Ministerio Público. Frente a un Procurador o un Subprocurador o un Delegado de la PGR.

[

: *But the dream would evaporate and I would be there still, like a dragonfly on a leaf or under a leaf, green as it was and weightless, close to the water at the edge of the canal or the pitcher.*

: *Like the dream, you were what disappears, and you were also all those empty places that do not disappear.*

: On a leaf or under a leaf. Like in the dream.

: You were all the hours of the day. On a leaf. Under a leaf. Close to the water. At the edge. Facing an official from the District Attorney's office. Facing a Prosecutor or an Assistant Prosecutor or a representative from the Attorney General's office.

: Casi todas las horas del día. Un caballito del diablo. Una acequia o un cántaro. Lo que desaparece y todos esos lugares vacíos escribiéndole al Presidente de la República. Un caballito del diablo frente a lo que desaparece. Frente a lo que desaparece.

: Frente a lo que desaparece: lo que no desaparece.

]

: Almost all the hours of the day. A dragonfly. A canal
or a pitcher. What disappears and all those empty places
writing to the President of the Republic. A dragonfly
facing what disappears. Facing what disappears.

: Facing what disappears: what does not disappear.

]

Tierra Colorada, Guerrero. 18 de febrero.
El cuerpo sin vida de un hombre fue encontrado
en la presa La venta. Aunque todavía no ha sido
identificado, su brazo izquierdo tenía un tatuaje con el
nombre "Josefina", y en el brazo derecho llevaba
marcado el nombre "Julio".

*Tierra Colorada, Guerrero. February 18.
The lifeless body of a man was found in the
La Venta reservoir. Though it has yet to be
identified, his left arm had a tattoo with the
name "Josefina," and on his right arm was
written the name "Julio."*

Se dedicaba a la compra-venta de automóviles. Era común que viajara a Matamoros para comprar vehículos que después vendía en otras ciudades del país. Así se ganaba la vida Tadeo. No le iba tan mal. A veces le alcanzaba para llevar de vacaciones a la playa a su mujer y a mis sobrinos. Se había comprado un terreno en las afueras de la ciudad siendo soltero y cuando se casó fue construyendo cuarto por cuarto su casa.

La felicidad para mí, hermanita, me dijo un día mientras me destapaba una cerveza y me servía un pedazo de carne asada, es llegar en la tarde a casa, luego de un día de pura chinga en el bisnes y echarme una cascarita con mis chavitos, oírlos cómo gritan, cómo ríen ¿sabes? Eso me quita todo el cansancio. Eso es lo que me hace sentir que estoy haciendo las cosas bien.

Lo más cercano a la felicidad para mí a estas alturas, hermanito, sería que mañana me llamaran para decirme que tu cuerpo apareció.

He worked buying and selling cars. It was normal for him to go to Matamoros to buy vehicles that then he'd sell in other cities in Mexico. That's how Tadeo earned his living. He wasn't doing too badly. Sometimes he had enough to take his wife and my nephews to the beach. He'd bought a plot of land on the outskirts of the city when he was single and when he married he started to build his house room by room.

Happiness for me, hermanita—he told me one day as he opened a beer for me and handed me a piece of meat off the grill—is to get home in the afternoon, after a long day hustling my ass off, play a little pick-up game with my boys, listen to them yell, laugh, you know? Then I don't feel tired anymore. That's what makes me feel like I'm doing things right.

The closest thing to happiness for me right now, hermanito, would be for them to call me tomorrow to tell me your body has appeared.

Chihuahua, Chihuahua. 17 de abril.
Un niño de 4 años fue localizado sin vida. Su madre lo había reportado desaparecido el pasado 6 de abril.

Chihuahua, Chihuahua. April 17.
A four-year-old child was found dead. His mother had reported him disappeared on April 6.

[

: *Por aquí también a usted la matan si entierra a sus muertos. Los caminos llenos de muertos dan más miedo ¿no?*

: *Llenos de muertos.*

: *Los caminos.*

: *Por aquí también a usted.*

: *Si entierra a sus muertos.*

: *Dan más miedo ¿no?*

]

[

: *Around here, they'll kill you too, if you bury your dead.*
Roads full of dead people are scarier, aren't they?

: *Full of dead people.*

: *Roads.*

: *Around here you too.*

: *If you bury your dead.*

: *Scarier, aren't they?*

]

Los días se van amontonando, Tadeo, y hay que comprar el gas, pagar las cuentas y seguir yendo al trabajo. Porque desde luego que a una se le desaparezca un hermano no es motivo de incapacidad. A una le dicen en la sala de maestros cuánto lo siento, ojalá que todo se resuelva, me apena mucho tu caso. Una es comidilla de uno, o dos, o tres días, tal vez hasta una semana. Pero luego ese chisme se vuelve viejo. La vida nunca detiene su curso por catástrofes personales. A la vida no le importa si tu daño es colateral o no. La rutina continúa y tú tienes que seguir con ella. Como en el metro, cuando la gente te empuja y la corriente te arrastra hacia adentro o hacia afuera de los vagones. Cosa de segundos. Cosa de inercias. Así voy flotando yo, Tadeo.

The days are piling up, Tadeo, and I still have to buy gas, pay the bills and keep going to work. Because obviously if some woman's brother is disappeared, it's not an excuse to stay home. In the teachers' lounge, they tell her: I'm so sorry, hopefully everything will work out, I'm so sad about your situation. People whisper about her for a day or two or three, maybe even a week. But then the gossip gets old. Life never stops for personal catastrophes. Life doesn't care about whether your damage is collateral or not. Routine presses on and you have to keep up the pace. Like on the Metro, when people are pushing you and the current sweeps you in or out of the cars. A question of seconds. A question of inertias. I'm floating just like that, Tadeo.

Así transcurro cada mañana. Escucho el despertador y te pienso. Me meto a la regadera y mientras el agua fría resbala por todo mi cuerpo, pienso en el tuyo. Bajo a la cocina a hacer café y enciendo un cigarro. Sé que nunca te gustó que no desayunara, pero desde que ya no estás no hay nadie que me regañe por no hacerlo.

That's how I spend every morning. I hear the alarm, and I think of you. I get in the shower and as the cold water flows over my body, I think of your body. I go down to the kitchen to make coffee and light a cigarette. I know you never liked me skipping breakfast, but ever since you've been gone, there's no one to nag me about it.

Así que me voy con el estómago vacío al trabajo y
mientras conduzco pienso en todos los huecos, en todas
las ausencias que nadie nota y están ahí.

So I head out to my job on an empty stomach and as
I drive I think of all the gaps, all the absences no one
notices and yet are there.

Todos esos duelos que se esconden tras los rostros de las personas que nos topamos. Al escuchar el timbre entro al salón y paso lista. Fulanito de tal. Presente. Fulanito de tal. Presente. Fulanito de tal. Presente. El ritual de las jaculatorias. Lo cierto es que las más de las veces ni siquiera escucho las voces de mis alumnos respondiéndome. Por cada nombre que pronuncio, una segunda voz que no es mía, ni de nadie, que solamente está ahí, como un eco pertinaz, replica:

Tadeo González. Ausente.
Tadeo González. Ausente.
Tadeo González. Ausente.

All that grief hiding behind the faces of the people
we happen across. When the bell rings, I enter the
classroom and take roll. So-and-so. Present. So-and-so.
Present. So-and-so. Present. The ritual of invocation.
The truth is most of the time I don't even hear my
students' voices as they answer me. After each name I
say, a second voice that's not mine, that's nobody's—
just there, echoing constantly—replies:

Tadeo González. Absent.
Tadeo González. Absent.
Tadeo González. Absent.

Reynosa, Tamaulipas. 18 de abril.
El cuerpo de un hombre de entre 25 y 30 años fue encontrado a orillas del libramiento que conduce al puente Reynosa-Mission. Vestía bermudas de mezclilla, calcetines de algodón blancos y una camisa de mezclilla con forro de franela a cuadros.

Reynosa, Tamaulipas. April 18.
The body of a man between the ages of 25 and 30 was
found on the shoulder of the bypass road that leads to
the Reynosa-Mission bridge. He was wearing jean
shorts, white cotton socks and a jean shirt
with a plaid flannel lining.

[

: *Quienquiera que ella sea, se la deja sin duda al margen, se la deja al margen por la guerra.*

: *Lo que sucede son los derrumbes.*

: *Como un anillo que se rompe y ya no le sirve a nadie.*

: *Desde ese momento nos quitaron la mitad de nuestro corazón. No sabemos cómo estamos sobreviviendo con la mitad de un corazón.*

]

[

: *Whoever she is, she is, quite obviously, left behind, left behind for war.*

: *What is happening are collapses.*

: *Like a ring that breaks and is no longer of use to anyone.*

: *In that moment they took half our heart from us. We don't know how we're surviving with half a heart.*

]

No me dejan hablar con tus hijos, Tadeo. Tu mujer no va a decirles nunca la verdad. Prefiere que crezcan creyendo que los abandonaste. ¿Ves por qué tengo que encontrar tu cuerpo, Tadeo? Sólo así podré darle a tus hijos una tumba a dónde ir a verte. Eso es lo único que espero ya, un cuerpo, una tumba. Ese remanso.

They won't let me talk with your kids, Tadeo. Your wife will never tell them the truth. She'd rather they grew up thinking you'd abandoned them. See why I have to find your body, Tadeo? It's the only way I can give your children a grave where they could go see you. That's the only thing I want now, a body, a grave. That refuge.

Ciudad Altamirano, Guerrero. 22 de abril.
En los límites de las comunidades de Chacamaro El Grande y Chapultepec, encontraron a tres jóvenes ejecutados, justo en las faldas de un cerro. Los cuerpos estaban siendo devorados por la fauna silvestre que habita en la región.

Ciudad Altamirano, Guerrero. April 22.
At the border between the communities of Chacamaro El
Grande and Chapultepec, three youths were found
executed at the base of a mountain. The
bodies were being devoured by wildlife
living in the area.

¿Justicia? ¿Que si espero que se haga justicia? ¿En este país? Qué más quisiera yo que los responsables de que no estés aquí purgaran su condena. Pero ¿sabes? Lo desearía para que estando ahí en la cárcel no pudieran hacer daño a nadie más o al menos les fuera más difícil. Pero si me preguntas que si con eso consideraría saldada tu pérdida, la respuesta es no. Ni diez, ni veinte años, ni la cadena perpetua de nadie, ni siquiera la muerte de los que te hicieron esto me resarciría de tu ausencia.

Tal vez algunos no me entiendan, pero aún a pesar de lo que te hicieron yo no anhelo como mucha gente dice “que los maten a todos” “que los exterminen como perros”. Si yo quisiera eso no sería mejor persona que aquellos que acuso.

Justice? Do I expect justice to be done? In this country? What could I possibly want more than for those responsible for you not being here to have to serve their sentences. But you know what? I'd want them in prison so that they couldn't hurt anyone else or at least so it'd be harder for them. But if you ask me if I think that would make up for your loss, the answer is no. Not ten, not twenty years, not a life sentence, not even death for the people who did this to you could make amends for your absence.

Maybe some people don't understand me, but even in spite of what they did to you, I still don't want what a lot of people say: "for them all to be killed" "for them to be put down like dogs." If I wanted that, I'd be no better a person than those I condemn.

No, Tadeo, *yo no he nacido para compartir el odio*. Yo lo que deseo es lo imposible: que pare ya la guerra; que construyamos juntos, cada quien desde su sitio, formas dignas de vivir; y que los corruptos, los que nos venden, los que nos han vendido siempre al mejor postor, pudieran estar en mis zapatos, en los zapatos de todas sus víctimas aunque fuera unos segundos. Tal vez así entenderían. Tal vez así harían lo que estuviera en sus manos para que no hubiera más víctimas. Tal vez así sabrían por qué no descansaré hasta recuperar tu cuerpo.

No, Tadeo, *I wasn't born to share in hatred.* What I want is the impossible: for the war to stop now; for us—for each of us wherever we find ourselves—together to build ways to live with dignity; and for the corrupt, the ones who sell us out, who've always sold us out to the highest bidder, for them to be in my shoes, the shoes of all their victims, even if only for a few seconds. Maybe then they would understand. Maybe then they would do whatever was in their power for there to be no more victims. Maybe then they would know why I will not rest until I recover your body.

[

: *Sabemos de la existencia, además, de una Antígona cubana escrita en 1968 por el dramaturgo José Triana. De la misma da cuenta Bosch. No nos fue posible acceder a este manuscrito que aún no ha sido editado y quizás nunca lo sea, el único ejemplar existente, hace treinta años que no está más en posesión del autor.*

: *Este texto es un claro ejemplo de una obra dramática encargada como obra teatral por sus futuros intérpretes. Su autor recibe el encargo de escribirla con miras a una puesta en escena y con la condicionante de que tiene que ser un espectáculo unipersonal. Por lo tanto, este monólogo debe posibilitar que una única actriz asuma todos los roles.*

]

[

: *Additionally, we are aware of the existence of a Cuban Antigone written in 1968 by the playwright José Triana. Bosch also mentions this text. It was not possible for us to access the manuscript, which has not yet been published and perhaps never will be. The only existing copy has not been in the author's possession for thirty years.*

: *This text is a clear example of a dramatic work commissioned as a work of theater by its future cast. Its author receives the commission to write it for the stage, under the condition that it has to be a one person show. Therefore, this monologue must allow for a single actress to play all the roles.*

]

ESTA MAÑANA
HAY UNA FILA
INMENSA

THIS MORNING
THERE'S A
MASSIVE LINE

Aquí todos somos invisibles. No tenemos rostro. No tenemos nombre. Aquí nuestro presente parece suspendido.

Voy a despertar en cualquier momento, me digo cuando intento engañarme, cuando no resisto más, cuando a punto del derrumbe.

Pero ese momento nunca llega: lo que ocurre aquí es lo verdaderamente real.

Me dijeron que habían encontrado unos cadáveres, que era una probabilidad. Me dijeron que los iban a traer aquí.

Here we are all invisible. We have no face. We have no name. Here our present seems suspended.

I'll wake up at any moment, I say when I try to lie to myself, when I can't stand it anymore, when I'm about to collapse.

But that moment never comes: what happens here is what is actually real.

They told me they'd found a few corpses, that there was a chance. They told me that they were going to bring them here.

Vine a San Fernando a buscar a mi hermano.
Vine a San Fernando a buscar a mi padre.
Vine a San Fernando a buscar a mi marido.
Vine a San Fernando a buscar a mi hijo.
Vine con los demás por los cuerpos de los nuestros.

I came to San Fernando to search for my brother.
I came to San Fernando to search for my father.
I came to San Fernando to search for my husband.
I came to San Fernando to search for my son.
I came with the others for the bodies of our people.

[*Yo creí que iba a entrar en el pueblo de los muertos, mi patria.*

Tú eras la patria.
Pero ¿la patria no estaba devastada?

¿No había peste en la ciudad, no se hacían invocaciones a los dioses inútilmente?

Yo supe que vería una ciudad sitiada.

Supe que Tamaulipas era Tebas y Creonte este silencio amordazándolo todo.]

[*I thought I was entering the town of the dead,*
my homeland.

You were the homeland.
But wasn't the homeland destroyed?

Wasn't there a plague in the city?
Weren't useless prayers said to the gods?

I realized I would see a city under siege.

I realized Tamaulipas was Thebes
and Creon this silence stifling everything.]

Pero *son más los ausentes denunciados que los cuerpos aparecidos.*

[*Pero no, estoy fuera, afuera.*

Seca la garganta, el corazón hueco
como un cántaro de sed.

Estoy aquí, en la tiniebla.]

But *there are more people reported missing than*
bodies that have appeared.

[*But no, I'm out, outside.*

Throat dry, heart hollow
like a pitcher of thirst.

I'm here, in the shadows.]

¿Qué cosa es el cuerpo, Tadeo? *Las cifras no coinciden.*

Que habían encontrado unos cadáveres

[*El cuerpo de Polínices pudriéndose a las puertas de Tebas y los cadáveres de los migrantes.*]

Tadeo, what thing is the body? *The numbers don't match up.*

That they'd found a few corpses

[*Polynices's body rotting at the gates of Thebes and the corpses of the migrants.*]

¿Qué cosa es el cuerpo cuando alguien lo desprovee de nombre, de historia, de apellido? *Que era una probabilidad.* Cuando no hay faz, ni rastro, ni huellas, ni señales. *Que los iban a traer aquí* ¿Qué cosa es el cuerpo cuando está perdido?

What thing is the body when someone strips it of a name, a history, a family name? *That there was a chance.* When there is no face or trail or traces or signs. *That they were going to bring them here.* What thing is the body when it's lost?

Vine a San Fernando a buscarte, Tadeo. Vine a ver si alguno de estos cuerpos es el tuyo.

I came to San Fernando to search for you, Tadeo. I came to see if one of these bodies was yours.

[

: *atraviesa los siete círculos de los ejércitos que acampan en torno, deslizándose invisible* / atraviesa / un disparo / las almenas / sus cimientos / el asalto / las almenas

: *entra por una puerta disimulada en las murallas, coronadas de cabezas cortadas, como en las ciudades chinas* / invisible / un lugar / las cabezas / plataformas / en la fila / una puerta

: *se desliza por las calles vacías a causa de la peste del odio, sacudidas en sus cimientos por el paso de los carros de asalto* / los ejércitos / las murallas / las ciudades / los círculos / del odio

[

: *she slips through the seven circles of armies camping around, invisible* / slips / a shot / battlements / their foundations / tank / battlements

: *she enters by a secret door in ramparts topped with the heads of victims like those of Chinese cities* / invisible / appears / the heads / platforms / along the rows / a door

: *she sneaks through streets emptied by the plague of hatred and shaken in their foundations by the passage of tanks* / armies / ramparts / cities / circles / of hatred

: *trepa hasta las plataformas en donde mujeres y niñas gritan de alegría cada vez que un disparo respeta a uno de los suyos* / una puerta / coronadas / coronadas / deslizándose / vacías / atraviesan / gritan / las ciudades

: *su cara exangüe, ocupa un lugar en las almenas, en la fila de cabezas cortadas* / invisible / invisibles / los ejércitos / la peste / el odio / los ejércitos / un disparo / invisible / invisibles / invisi

]

: *she climbs up to the platforms where wives and daughters howl in fierce joy at each shot that misses one of their men* / a door / topped / topped / invisible / emptied / slip / howl / cities

: *her bloodless face, appears in the battlements along the rows of severed heads* / invisible / invisible ones / armies / the plague / hatred / armies / a shot / invisible / invisible ones / invisi

]

Una fila inmensa. Esta mañana. Llegamos arrastrando los pies tras la zozobra del viaje, tras la intemperie, tras el cansancio infinito desde el miedo hasta la morgue.

[*¿No hay un sol de los muertos?*
Este sol ya no es el mío]

Aquí todos llegamos solos.

Somos un número que va en aumento. Una extensa línea que no avanza, que no retrocede. Algo que permanece agazapado, latente. Esa punzada que se instala con firmeza en el vientre, que se aloja en los músculos, en cada bombeo de sangre, en el corazón y las sienes.

[*¿No hay un sol de los muertos?*
Este sol ya no es el tuyo]

A massive line. This morning. We arrived dragging our feet behind us, after the anxiety of the trip, after exposure to the elements, after the infinite exhaustion from fear to the morgue.

[*Is there no sun of the dead?*
This sun is no longer mine]

We all arrive alone here.

We are a number that grows and grows. A lengthy line that moves neither forward nor backward. Something that remains, lurking, latent. That stabbing pain that settles firmly in the belly, that shelters in the muscles, in every pulse of blood, in the heart and temples.

[*Is there no sun of the dead?*
This sun is no longer yours]

Somos lo que deshabita desde la memoria. Tropel. Estampida. Inmersión. Diáspora. Un agujero en el bolsillo. Un fantasma que se niega a abandonarte. Nosotros somos esa invasión. Un cuerpo hecho de murmullos. Un cuerpo que no aparece, que nadie quiere nombrar.

Aquí todos somos limbo.

We are what vacates from the space of memory. Horde. Stampede. Immersion. Diaspora. A hole in a pocket. A ghost who refuses to abandon you. We are that invasion. A body made of murmurings. A body that doesn't appear, that no one wishes to name.

Here we are all limbo.

[*¿No hay un sol de los muertos?*
Este sol ya no es el nuestro]

Entre los pasos a seguir para buscar a un desaparecido hay que ver un álbum de fotografías de cadáveres.

Este dolor también es mío. Esta sed.

La tarea de reconocer un cuerpo. Ése que tocamos para sabernos reales. Ése que nos cobijó con su abrazo. Ése que recorrimos con el tacto o la memoria.

[*Is there no sun of the dead?*
This sun is no longer ours]

Among the steps to take to search for a disappeared person, you have to look through a photo album of corpses.

This pain is also mine. This thirst.

The task of recognizing a body. The one we touch to know we are real. The one that sheltered us with an embrace. The one we traverse with our fingers or our memory.

¿Cómo se reconoce un cuerpo? ¿Cómo saber cuál es el propio si bajo tierra y apilados? Si la penumbra. Si las cenizas. Si este lodo espeso va cubriéndolo todo ¿Cómo reclamarte, Tadeo, si aquí los cuerpos son sólo escombro?

Este dolor también es mío. Este ayuno.

La absurda, la extenuante, la impostergable labor de desenterrar un cuerpo para volver a enterrarlo. Para confirmar en voz alta lo tan temido, lo tan deseado: sí, señor agente, sí, señor forense, sí, señor policía, este cuerpo es mío.

How is a body recognized? How to know which is the right one if it is under ground and in piles? If the halflight. If the ashes. If this thick mud steadily covers it all. How to claim you, Tadeo, if the bodies here are just debris?

This pain is also mine. This fasting.

The absurd, the exhausting, the urgent labor of unburying a body to bury it anew. To confirm out loud what is so feared, so desired: yes sir, agent, yes sir, medical examiner, yes sir, police officer, this body is mine.

Hay quienes por sus tatuajes. Otros más las cicatrices.

Quienes por la ropa que llevaban el último día que fueron vistos, quienes por su dentadura y los sólo por ADN reconocibles.

Los que antes de atisbar el umbral se desmayan, como si sus ojos estuvieran impedidos para identificar lo amado en la materia informe.

Los hay quienes indagan como una forma de rehusarse a permanecer en el silencio al que han sido conminados.

Los hay quienes inquieren una y otra vez a modo de encarar el infortunio.

Some by their tattoos. Others their scars.

Some by the clothes they wore the last day they were seen, some by their teeth and some recognizable only by their DNA.

The ones who faint prior to glimpsing the doorway, as if their eyes were prevented from identifying their loved one in the formless matter.

There are some who search as a way to refuse to remain in the silence to which they've been relegated.

There are some who inquire time and time again as a means to confront their misfortune.

¿Dónde están los cientos de levantados?
Es muy duro no saber nada de él. Hasta ahora me animé a venir. Vale más saber. Sea lo que sea.

Where are the hundreds of people who've been abducted?
It's very hard not hearing anything from him. Only now I got up the courage to come. It's better to know. Whatever it might be.

¿Dónde se halló el cadáver?
¿Se le hace normal que un autobús desaparezca y los pasajeros muertos aparezcan en fosas?

WHERE WAS THE DEAD BODY FOUND?
Does it seem normal to you for a bus to disappear and for the dead passengers to appear in mass graves?

¿Quién lo encontró?
¿O que todos los días amanezcan cuerpos mutilados en todos los pueblos y las autoridades y la prensa no digan nada?

WHO FOUND THE DEAD BODY?
Or for every day to dawn with more bodies mutilated in every town and the authorities and the press say nothing?

¿Estaba muerto cuando lo encontraron?
Mi mamá murió de pura tristeza. Se le cargó mucho. Se nos fue sin volver a verlo.

WAS THE DEAD BODY DEAD WHEN FOUND?
My mom died of sheer sadness. It weighed on her a lot. She left us without seeing him again.

¿Cómo lo encontraron?
Lo queremos encontrar aunque sea muertito. Necesitamos sepultarlo, llevarle flores, rezarle una oración.

How was the dead body found?
We want to find him, even if he's dead. We need to bury him, take him flowers, say a prayer for him.

¿Quién era el cadáver?
Le gustaba mucho bailar polka, redova y hasta huapango. Era muy alegre. Le hicieron su corrido. Todavía bailábamos. Siempre fue buen padre. Tuvimos cinco hijos. A todos les puse José, como él, y un segundo nombre. Tenemos 15 nietos y cuatro bisnietos.

Who was the dead body?

He liked to dance polkas, redovas and even huapangos. He was a really happy person. They wrote a corrido just for him. We would still dance. He was always a good father. We had five children. I named them all José, after him, plus a second name. We have 15 grandkids and four great-grandkids.

¿Quién era el padre o hija, o hermano o tío o hermana o madre o hijo del cadáver abandonado? *Le di la bendición. Me dijo: 'luego vengo mamá'. Después supimos que no había llegado el autobús. Imagínese. Está casado, tiene tres niños y una niña. Me la paso pensando en él. Tristeando.*

Who was the father or daughter or brother or uncle or sister or mother or son of the dead and abandoned body?

I blessed him. He said, "I'll be right back, mamá." Later we found out the bus hadn't made it. Imagine. He was married, with three boys and a girl. I spend all my time thinking about him. Feeling sad.

¿Estaba muerto el cuerpo cuando fue abandonado?

Nuestro corazón pide que no aparezcan, pero si nos entregaran sus cuerpos por fin descansaríamos.

Was the body dead when it was abandoned?
Our hearts beg for them not to appear, but if they gave us their bodies we would finally be able to rest.

¿Fue abandonado?
Usted puede verlo en las calles, están vacías, no hay nadie, los pocos que se atreven a salir es para comprar alimentos en los establecimientos que aún no han sido arrasados.

Was the body abandoned?
You can see it in the streets, they're empty, there's nobody. The few people brave enough to go out, it's to buy food at the shops that have yet to be destroyed.

¿Quién lo abandonó?

Considero, hoy como ayer, un mal gobernante al que no sabe adoptar las decisiones más cuerdas y deja que el miedo, por los motivos que sean, le encadene la lengua.

By whom had it been abducted?
And I feel this: that a man is of no use to his city if he's to govern it not by wisdom, but by a tongue, silenced by some fear.

¿Estaba el cuerpo desnudo o vestido para un viaje?
Íbamos a celebrar las bodas de oro. Teníamos todo preparado para la fiesta.

Was the body naked or dressed for a journey?
We were about to celebrate our fiftieth wedding anniversary. We had everything ready for the party.

¿Qué le hizo declarar muerto al cadáver?
Cada año se venían a trabajar un mes y medio. Luego volvían y traían dinerito. Oímos que andaban secuestrando autobuses, pero no medimos el peligro.

What made you declare the dead body dead?
They came to work every year for a month and a half. Then they'd go back with a little money. We heard buses were being hijacked, but we didn't know how dangerous it was.

¿Fue usted quien declaró muerto al cadáver?
Es lo más difícil que me ha tocado hacer en mi vida.

DID YOU DECLARE THE DEAD BODY DEAD?
It's the hardest thing I've had to do in my whole life.

¿Cómo de bien conocía el cadáver?
En la fotografía usa sombrero vaquero y está de pie,
sonriendo entre el sorgo que durante décadas cultivó…
Sólo iba a trabajar y desapareció.

How well did you know the dead body?
In the photo he's wearing a cowboy hat and he's standing up, smiling in the sorghum he farmed for decades… He just went to work and disappeared.

¿CÓMO SABÍA QUE ESTABA MUERTO EL CADÁVER?
Ellos nunca llegaron a su destino. Eran 47.

How did you know the body was dead?
They never made it to where they were going. There were 47 of them.

¿Lavó el cadáver?
Somos muchos.

¿Le cerró ambos ojos?
Somos muchos.

Did you wash the body?
We are many.

Did you close both its eyes?
We are many.

¿Enterró el cuerpo?
Somos muchos.

¿Lo dejó abandonado?
Somos muchos.

Did you bury the body?
We are many.

Did you leave it abandoned?
We are many.

¿Le dio un beso al cadáver?
Quiero que me lo entreguen, casi estoy resignada.

Did you kiss the dead body?
I want them to hand it over to me, I've almost given up.

Yo también estoy desapareciendo, Tadeo.

Y todos aquí, si tu cuerpo, si los cuerpos de los nuestros.

Todos aquí iremos desapareciendo si nadie nos busca, si nadie nos nombra.

Todos aquí iremos desapareciendo si nos quedamos inermes sólo viéndonos entre nosotros, viendo cómo desaparecemos uno a uno.

I'm also disappearing, Tadeo.

And all of us here, if your body, if the bodies of our people.

All of us here will gradually disappear if no one searches for us, if no one names us.

All of us here will gradually disappear if we just look helplessly at each other, watching how we disappear one by one.

Soy Sandra Muñoz, pero también soy Sara Uribe y queremos nombrar las voces de las historias que ocurren aquí.

I am Sandra Muñoz, but I am also Sara Uribe and we want to name the voices behind the stories that take place here.

[*Siempre querré enterrar a Tadeo. Aunque nazca mil veces y él muera mil veces.*]

[*I will always want to bury Tadeo. Even if I am born a thousand times and he dies a thousand times.*]

¿Me ayudarás a levantar el cadáver?

Will you join me in taking up the body?

NOTAS FINALES Y REFERENCIAS

Antígona González fue escrita por encargo de Sandra Muñoz, actriz y directora, para la obra estrenada el 29 de abril de 2012 por la compañía A-tar, en uno de los pasillos del Espacio Cultural Metropolitano en Tampico, Tamaulipas.

De la *Antígona* de Sófocles, cuatro citas como ejes es-criturales: "Ni rastro de fiera ni de perros…", "Yo no he nacido para compartir el odio", "Considero, hoy como ayer, un mal gobernante…", "¿Me ayudarás a levantar el cadáver?".

Del correo de *Instrucciones para contar muertos* y del blog del proyecto colectivo *Menos días aquí*, algunas de sus recomendaciones para efectuar el conteo de las muertes violentas en el país, así como algunas de las notas recopiladas y publicadas en el blog: "Uno, las fechas, como los nombres…", "Tres, contar inocentes y culpables…", "Monterrey, Nuevo León. 26 de enero. Tres hombres muertos y amordazados…", "Amealco, Querétaro. 15 de febrero. Los cuerpos de dos mujeres y un hombre…", "Tierra Colorada, Guerrero. 18 de febrero. El cuerpo sin vida de un hombre…", "Chihuahua, Chihuahua. 17 de abril. Un niño de 4 años fue localizado sin vida…", "Reynosa, Tamaulipas. 18 de abril. El cuerpo de un hombre de

FINAL NOTES AND REFERENCES

Antígona González was commissioned by Sandra Muñoz, actress and director, for its premiere on April 29, 2012 by the A-tar Company, in one of the hallways of the Espacio Cultural Metropolitano in Tampico, Tamaulipas.

From Sophocles' *Antigone,* four quotes as central axes of the writing: "No signs of any wild beast or any dog…," "I wasn't born to share in hatred," "And I feel this: that a man is of no use…," "Will you join me in taking up the body?"[1]

From the email with *Instrucciones para contar muertos* [Instructions For Counting the Dead] and from the blog for the collective project *Menos días aquí* [Fewer Days Here], some of the recommendations for arriving at a count of violent deaths in Mexico, as well as some of the articles compiled and published on the blog: "First, the dates, like the names…," "Third, count both innocent and guilty…," "Monterrey, Nuevo León. January 26. Three men were found dead with their mouths gagged…," "Amealco, Querétaro. February 15. The bodies of two women and one man…," "Tierra Colorada,

1. The translations of Sophocles are by Hugh Lloyd-Jones (adapted), Elizabeth Wyckoff (adapted), George Theodoridis and H.D.F. Kitto, respectively.

entre 25 y 30…", "Ciudad Altamirano, Guerrero. 22 de abril. En los límites de las comunidades de Chacamaro…".

De la bitácora electrónica antigonagomez.blogspot.mx de la activista colombiana Antígona Gómez o Diana Gómez, hija de Jaime Gómez quien fuera desaparecido y posteriormente encontrado muerto en abril de 2006, la autobiográfica sentencia: "No quería ser una Antígona, pero me tocó".

Fragmentos de *El grito de Antígona* de Judith Butler dan voz a un metatextual Tiresias que indaga y avizora la naturaleza discursiva de las Antígonas que habitan el texto: "¿Quién es Antígona dentro de esta escena…", "¿Es posible entender ese extraño lugar entre la vida y la muerte…", "Ella está muerta pero habla", "Ella no tiene lugar…", "Quienquiera que ella sea, se la deja sin duda al margen…".

De *La tumba de Antígona* de la filósofa española María Zambrano algunas ensoñaciones y diálogos postmortem que mantienen Antígona, Hemón y Polínices dentro del sepulcro son retomadas en una suerte de parangón de la muerte en vida en que se convierte la existencia frente a la incertidumbre de una ausencia forzada: "Una estancia llena de grandes vasos de vidrio…", "Pero el sueño se iba de mí y yo me quedaba como

Guerrero. February 18. The lifeless body of a man…," "Chihuahua, Chihuahua. April 17. A four-year-old child was found dead…," "Reynosa, Tamaulipas. April 18. The body of a man between the ages of 25 and 30…," "Ciudad Altamirano, Guerrero. April 22. At the border between the communities of Chacamaro…."

From the journal antigonagomez.blogspot.mx by the Colombian activist Antígona Gómez or Diana Gómez, daughter of Jaime Gómez who was disappeared and later found dead in April 2006, the autobiographical sentence: "I didn't want to be an Antigone but it happened to me."

Fragments from *Antigone's Claim: Kinship Between Life and Death* by Judith Butler give voice to a metatextual Tiresias who investigates and scrutinizes the discursive nature of the Antigones who populate the text: "Who then is Antigone within such a scene," "How do we understand this strange place of being between life and death…," "She is dead yet speaks," "She is the one with no place…," "Whoever she is, she is, quite obviously, left behind…."

From *La tumba de Antígona* [Antigone's Tomb] by Spanish philosopher María Zambrano, some postmortem dialogues and dream states that keep Antigone, Hemon and Polynices inside the sepulcher are taken up again in a kind of comparison

un caballito del diablo...", "Todos vienen a ser sepultados vivos, los que han seguido vivos...", "¿Quieres decir que va a seguir aquí sola, hablando en voz alta, muerta...", "Ellos son sólo muertos...", "Yo creí que iba a entrar en el pueblo de los muertos...", "Eres tú quien nos quiere del todo muertos", "Pero no es así, vivos estamos...", "Tú eras la patria...", "Como un anillo que se rompe...", "¿No había peste en la ciudad...?", "Pero no, estoy fuera...", "¿No hay un sol de los muertos?", "Este sol ya no es mío".

De *Fuegos* de Margarite Yourcenar, serie de prosas líricas en torno a personajes míticos griegos, y del texto *Antígona o la elección*, cinco fragmentos textuales que, referidos y luego diseccionados, encarnan la fragmentación del cuerpo y de la realidad en el lenguaje: "Atraviesa los siete círculos de los ejércitos...", "Entra por una puerta disimulada...", "Se desliza por las calles vacías a causa de la peste...", "Trepa hasta las plataformas...", "Su cara exangüe, ocupa un lugar...".

En *Antígona, una tragedia latinoamericana* –texto fundamental para conceptualizar el devenir de las reescrituras en torno a la *Antígona* de Sófocles que se han planteado, desde la *Antígona* de Jean Cocteau (1922) hasta *Antígona y actriz* de Carlos Eduardo Satizábal (2004)–, Rómulo E. Pianacci realiza un exhaustivo

of the living death that existence becomes in the face of the uncertainty of an imposed absence: "A room full of huge, diaphanous glasses...," "But the dream would evaporate and I would be there still, like a dragonfly...," "All of them come to be buried alive, the ones who are still alive...," "Do you mean that she will continue here on her own, speaking aloud, dead...," "They are only the dead...," "I thought I was entering the town of the dead...," "You are the one who wants us everyway dead," "But it's not like that, we are alive...," "You were the homeland...," "Like a ring that breaks...," "Wasn't there a plague in the city?," "But no, I'm out...," "Is there no sun of the dead?," "This sun is no longer mine."

From *Fires* by Margarite Yourcenar, a series of lyrical prose sections about Greek mythical figures, and from Yourcenar's *Antigone, Or the Choice*,[2] five text fragments—cited and then dissected—that give form to the fragmentation of the body and reality within language: "She slips through the seven circles of armies...," "She enters by a secret door...," "She sneaks through streets emptied by the plague...," "She climbs up to the platforms...," "Her bloodless face, appears...."

In *Antígona, una tragedia latinoamericana* [Antigone, A Latin American Tragedy]—an essential text for conceptualizing

2. The translations are by Dori Katz.

inventario y un minucioso análisis de las características de algunas notorias Antígonas europeas, frente a las numerosas y recontextualizadas Antígonas "criollas", como él las denomina. Los segmentos utilizados reiteran la noción de la incesante repetición del mito, así como de la tendencia de algunos escritores latinoamericanos a generar su reinterpretación de la obra a partir de la apropiación y la intertextualidad: "Antígona Vélez le fue encargada a Leopoldo Marechal por José María Unsai...", "La interpretación de Antígona sufre una radical alteración en Latinoamérica...", "Escrita como un largo poema en verso libre, el texto contiene innumerables fragmentos de letras de tango...", "Lo que sucede son los derrumbes", "Sabemos de la existencia, además, de una Antígona cubana escrita en 1968...", "Este texto es un claro ejemplo de una obra dramática encargada como obra teatral por sus futuros intérpretes...".

De las Antígonas enumeradas en el texto de Rómulo E. Pianacci, dos fragmentos, el primero de la *Antígona Furiosa* de Griselda Gambaro: "Siempre querré enterrar a Polínices. Aunque nazca mil veces y él muera mil veces..."; y el segundo de la ya citada *Antígona y actriz* de Carlos Eduardo Satizábal: "Por aquí también a usted la matan si entierra a sus muertos. Los caminos llenos de muertos dan más miedo ¿no?".

the progression of rewritings of Sophocles's *Antigone*, from Jean Cocteau's *Antigone* (1922) to *Antígona y actriz* [Antigone and Actress] by Carlos Eduardo Satizábal (2004)–Rómulo E. Pianacci conducts an exhaustive inventory and a detailed analysis of the characteristics of a number of noteworthy European Antigones, in relation to the numerous recontextualized Antigones which he calls "criollas." The extracts used emphasize the notion of the incessant repetition of the myth, as well as the tendency of some Latin American writers to generate their reinterpretation of the work through appropriation and intertextuality: "Early in the year 1951, José María Unsai, the director of the Teatro Cervantes, commissioned...," "The interpretation of Antigone is radically altered in Latin America...," "Written as a long poem in free verse, the text contains innumerable fragments from tango lyrics...," "What is happening are collapses," "Additionally, we are aware of the existence of a Cuban Antigone written in 1968...," "This text is a clear example of a dramatic work commissioned as a work of theater by its future cast...."

From the Antigones discussed in Rómulo E. Pianacci's text, two fragments, the first from *Antígona Furiosa* [Furious Antigone] by Griselda Gambaro: "I will always want to bury Tadeo. Even if I am born a thousand times and he dies a thousand times...;" and the second from the previously mentioned *Antígona y actriz* [Antigone and Actress] by Carlos Eduardo Satizábal: "Around

Otros textos académicos referidos corresponden a *Los muros de Tebas. La política como decisión sobre la vida o Agamben contra Agamben* de Pablo Iglesias Turrión: "El cuerpo de Polínices pudriéndose a las puertas de Tebas y los cadáveres de los migrantes"; de *La recontextualización de Antígona en el teatro argentino y brasileño a partir de 1968*, de Iani del Rosario Moreno: "La argentina Griselda Gambaro utiliza la figura de Antígona para criticar el gran número de desaparecidos…", "*Antígona Furiosa* es un pastiche", "*Antígona Furiosa* es también una indagación sobre quién es el verdadero héroe"; y de *Imaginemos que la mujer no existe* de Joan Copjec, del capítulo 1, "La tumba de la perseverancia: sobre *Antígona*", un parafraseo en torno a la siguiente idea "Lo social se compone no sólo de aquellas cosas que desaparecerán, sino también de relaciones con lugares vacíos que no desaparecerán", aparece en la línea de *Antígona González* que dice "Como el sueño, eras lo que desaparece, y eras también todos esos lugares vacíos que no desaparecen".

El interrogatorio hacia el final de la pieza está ensamblado con versos del poema "Muerte" de Harold Pinter, p. ej.: "¿Dónde se halló el cadáver? ¿Quién lo encontró? ¿Estaba muerto cuando lo encontraron? ¿Cómo lo encontraron? ¿Quién era el cadáver?"; y con diversos testimonios víctimas y familiares de

here, they'll kill you too, if you bury your dead. Roads full of dead people are scarier, aren't they?"

Other references from academic texts come from *Los muros de Tebas. La política como decisión sobre la vida o Agamben contra Agamben* [The Walls of Thebes: Politics as a Life Decision or Agamben against Agamben] by Pablo Iglesias Turrión: "Polynices's body rotting at the gates of Thebes and the corpses of the migrants;" from *La recontextualización de Antígona en el teatro argentino y brasileño a partir de 1968* [The Recontextualization of Antigone in Argentinian and Brazilian Theatre after 1968] by Iani del Rosario Moreno: "the Argentinian author Griselda Gambaro uses the figure of Antigone to critique the large number of people dissappeared...," "*Antígona Furiosa* is a pastiche," "*Antígona Furiosa* is also an inquiry into the identity of the real hero;" and from *Imagine There's No Woman* by Joan Copjec, from Chapter 1, "The Tomb of Perseverance: On *Antigone*," a paraphrasing of the following idea: "The social is composed, then, not just of those things that will pass, but also of relations to empty places that will not" which appears in the line of *Antígona González* that reads: "Like the dream, you were what disappears, and you were also all those empty places that do not disappear."

The series of questions towards the end of the piece is assembled using lines from the poem "Death" by Harold Pinter, e.g.:

los desaparecidos recopilados en las notas periodísticas que a continuación se detallan.

De "Narcoviolencia, en la ruta de la Muerte", de Sanjuana Martínez, texto publicado en *La Jornada* el domingo 17 de abril de 2011, los testimonios de María Mercedes de 72 años, Marisela de 41 años, Marina Ortega Huerta, María Teresa de 41 años, Matilde Escalante de 83 años, todas habitantes de San Fernando, Tamaulipas: "Vale más que dejen de chingar…", "Rezo por los buenos y por ellos…", " Entre los pasos a seguir para buscar a un desaparecido…", "¿Dónde están los cientos de levantados?", "Mi mamá murió de pura tristeza…", "Lo queremos encontrar aunque sea muertito…", "Le gustaba mucho bailar polka…", "Nuestro corazón pide que no aparezcan…", "Íbamos a celebrar las bodas de oro…", "En la fotografía usa sombrero vaquero…", "Ellos nunca llegaron…", "Somos muchos…", "Quiero que me lo entreguen…".

De "Los desaparecidos", nota de *El Diario de Coahuila* con fecha del 10 de agosto de 2008: "Por eso muchas casas están abandonadas…", "Yo les hubiera agradecido que a donde se lo hubieran llevado…".

"Where was the dead body found? Who found the dead body? Was the dead body dead when found? How was the dead body found? Who was the dead body?"; and using a range of testimonies by victims and family members of the disappeared compiled in the journalists' articles listed below.

From "Narcoviolencia, en la ruta de la Muerte" [Narcoviolence, On the Route of Death] by Sanjuana Martínez—a text published in *La Jornada* on Sunday, April 17, 2011—the testimonies of María Mercedes, 72; Marisela, 41; Marina Ortega Huerta, María Teresa, 41; Matilde Escalante, 83; all residents of San Fernando, Tamaulipas: "You all better stop fucking around," "I pray for those who are good and for the others…," "Among the steps to take to search for a disappeared person…," "Where are the hundreds of people who've been abducted?," "My mom died of sheer sadness…," "We want to find him, even if he's dead…," "He liked to dance polkas…," "Our hearts beg for them not to appear…," "We were about to celebrate our fiftieth wedding anniversary…," "In the photo he's wearing a cowboy hat…," "They never made it…," "We are many…", "I want them to hand it over to me…."

From "Los desaparecidos" [The Disappeared], an article from *El Diario de Coahuila* on August 10, 2008: "That's why so many homes are abandoned…," "I'd be grateful just to know where they'd taken him…."

De "Pagaron rescate, pero no saben nada de Rodolfo", nota publicada en *El Universal* el viernes 15 de abril de 2011: "Se dedicaba a la compra-venta de automóviles…".

De "Vale más saber lo que sea, clamor de familiares en busca de desaparecidos", de Sanjuana Martínez, texto publicado en *La Jornada* el domingo 24 de abril de 2011, el testimonio de Olga Arreola, Juana, Georgina y un químico forense: "Esta mañana hay una fila inmensa", "Son más los ausentes denunciados…", "Las cifras no coinciden", "Es muy duro no saber nada de él…", "Le di la bendición. Me dijo: 'luego vengo…", "Cada año se venían a trabajar un mes y medio…", "Es lo más difícil que me ha tocado hacer…".

De "Una foto… lo que les quedó de Jaime", publicado en *El Universal* el viernes 15 de abril de 2011, el testimonio de Guadalupe Hernández: "Me dijeron que habían encontrado unos cadáveres, que era una probabilidad…".

De "San Fernando, en agonía por el narco", nota de Marcos Muedano publicada en *El Universal* el 8 de mayo de 2011, el testimonio de un habitante de San Fernando que pidió no ser identificado: "Usted puede verlo en las calles, están vacías, no hay nadie…".

From "Pagaron rescate, pero no saben nada de Rodolfo" [They Paid a Ransom, But They Haven't Heard Anything About Rodolfo], an article published in *El Universal* on Friday, April 15, 2011: "He worked buying and selling cars...."

From "Vale más saber lo que sea, clamor de familiares en busca de desaparecidos" [It's Better to Know Anything, Outcry from Family Members Searching for Disappeared] by Sanjuana Martínez, a text published in *La Jornada* on Sunday, April 24, 2011, the testimonies of Olga Arreola, Juana, Georgina and a forensic chemist: "This morning there's a massive line," "There are more people reported missing...," "The numbers don't match up," "It's very hard not hearing anything from him...," "I blessed him. He said, "I'll be right back...," "They came to work every year for a month and a half...," "It's the hardest thing I've had to do...."

From "Una foto... lo que les quedó de Jaime" [A Photo... What Was Left of Jaime], published in *El Universal* on Friday, April 15, 2011, the testimony of Guadalupe Hernández: "They told me they'd found a few corpses, that there was a chance...."

From "San Fernando, en agonía por el narco" [San Fernando, in Agony Due to the Narcos], an article by Marcos Muedano published in *El Universal* on May 8, 2011, the testimony of an inhabitant of San Fernando who asked not to be identified: "You can see it in the streets, they're empty, there's nobody...."

De *Con desolación y sin anestesia*, de Carlos Marín, en *El asalto a la razón*, publicado el 4 de noviembre de 2011, el testimonio de un sobreviviente de Tamaulipas: "¿Se le hace normal que un autobús desaparezca y los pasajeros muertos aparezcan en fosas?".

De la cápsula informativa "Claman por sus familiares desaparecidos en Coahuila", de *El Universal* 7 de agosto de 2012, difundida en eluniversaltv.com, el testimonio de Irma Leticia Hidalgo, madre de Roy Rivera Hidalgo desaparecido en enero de 2011 en Coahuila: "Todas las horas del día…", "Frente a un agente del Ministerio Público…", "Desde ese momento nos quitaron la mitad de nuestro corazón".

From *Con desolación y sin anestesia* [With Grief and No Anesthesia], by Carlos Marín, in *El asalto a la razón* [The Assault on Reason], published November 4, 2011, the testimony of a survivor from Tamaulipas: "Does it seem normal to you for a bus to disappear and for the dead passengers to appear in mass graves?"

From the news bulletin "Claman por sus familiares desaparecidos en Coahuila" [A Protest for Their Disappeared Family Members in Coahuila] in *El Universal*, August 7, 2012, disseminated on eluniversaltv.com, the testimony of Irma Leticia Hidalgo, mother of Roy Rivera Hidalgo disappeared in January 2011 in Coahuila: "All the hours of the day...," "Facing an official from the District Attorney's office...," "In that moment they took half our heart from us."

LA TRADUCCIÓN COMO FORMA DE AYUDAR A LEVANTAR EL CADÁVER

por John Pluecker

¿Para qué escribir la historia de un cuerpo ausente?

¿Para qué traducir la historia de un cuerpo ausente?

¿Cómo viaja la historia de un cuerpo ausente?

¿Qué crea la traducción de la historia de un cuerpo ausente?

¿Qué se podría ocultar con la traducción de la historia de un cuerpo ausente?

¿Podría esto crear otro nivel de ausencia para un cuerpo ya ausente?

¿Qué significa saber sobre este cuerpo ausente ahora?

¿Se puede sentir la ausencia de este cuerpo ausente?

¿Se puede sentir la ausencia de las historias de todos los demás cuerpos?

¿Cuánto pesa un cuerpo ausente?

TRANSLATION AS A WAY TO JOIN TO TAKE UP THE BODY

by John Pluecker

Why write the story of one absent body?

Why translate the story of one absent body?

How does the story of one absent body travel?

What does translating the story of one absent body create?

What might translating the story of one absent body obscure?

Might it create another level of absence for an already absent body?

What does it mean to know about this one absent body now?

Can the absence of this one absent body be felt?

Can the absence of the stories of all the other bodies be felt?

How much does one absent body weigh?

Un libro también es un cuerpo. En este caso, un cuerpo de lenguaje en lugar del cuerpo de Tadeo y los cuerpos de todos los demás que han sido perdidos, desaparecidos. Lo singular y lo múltiple. El peso de traducir este libro con su cuerpo que no aparece.

Hay una especificidad asombrosa con esta Antígona. Estamos en Tamaulipas, un estado al borde de la costa del Golfo de México y limítrofe con el Río Bravo/Río Grande en la parte sur de Tejas. Es un momento de violencia brutal que desafía la definición misma de la palabra "guerra", ya que evade cualquier entendimiento previo de lo que podría ser una "guerra." Un momento específico y un horror específico.

Antígona González no es la Antígona de Sófocles, aunque el libro de Uribe tenga vínculos inexorables con la larga trayectoria de la tragedia de Sófocles. En la versión de él, Antígona no podía soportar el mandato de Creón de dejar el cadáver de su hermano expuesto y sin entierro en un llano polvoso. En la versión de Uribe, Antígona González carece de un cuerpo para llorar, un cuerpo para enterrar.

Su Antígona pregunta, *"¿Me ayudarás a levantar el cadáver?"*

Uribe se ha apropiado de este pregunta al principio del recuento de Sófocles, cuando Antígona cuestiona a su hermana Ismene,

A book is also a body. In this case, a body of language in place of the body of Tadeo and the bodies of all the others who have been lost, disappeared. The one and the many. The weight of translating this book with its body that does not appear.

There is a startling specificity to this Antígona. We are in Tamaulipas, a state along the Gulf coast in Mexico and bordering the Río Bravo/Rio Grande in South Texas. It is a time of brutal violence that strains the very definition of the word "war," as it evades any previous understanding of what "war" might be. A specific moment and a specific horror.

Antígona Gónzalez is not Sophocles' Antigone, though Uribe's book is inexorably tied to the long trajectory of Sophocles' tragedy. In his version, Antigone could not bear the dictate of Creon to leave her brother's dead body exposed and unburied on a dusty plain. In Uribe's version, Antígona Gónzalez is bereft of a body to mourn, a body to bury.

Her Antígona asks, *"Will you join me in taking up the body?"*

Uribe has appropriated this question from the beginning of Sophocles's telling, when Antigone asks the same of of her sister Ismene, who, afraid and distressed, refuses. In Uribe's rewriting, Antígona asks this question of the readers. We arrive to stand in the place of the sister.

y ella, con miedo y angustia, se niega a hacerlo. En la versión de Uribe, Antígona le hace esta pregunta a los lectores. Llegamos a tomar el lugar de la hermana.

A pesar de las similitudes, en esta versión, no se ha encontrado un cuerpo físico, como en el caso de las decenas de miles, si no cientos de miles de cuerpos ausentes en México (y muchos más a lo largo del hemisferio y del globo). Antígona está buscando un cuerpo ausente singular. Solo uno. El cuerpo de su hermano. Y esta historia se refleja a lo largo del texto en la nota roja, en los testimonios de otras personas empeñadas en la misma búsqueda. La historia se repite. Y sin embargo, es solo una.

La traducción de *Antígona González* empieza a partir de la especificidad de este singular cuerpo ausente. En un mundo inundado de cuerpos, cuerpos brutalizados, cuerpos mutilados, cuerpos abandonados, cuerpos ignorados, cuerpos que estallan, cuerpos desaparecidos, esta traducción es específica a este cuerpo singular, a esta persona singular, a esta búsqueda singular.

La traducción llega a ser una respuesta, un manera de levantar, una mano que se ofrece para ayudar a cargar el peso. La traducción nunca es suficiente, a pesar de ser muchas veces demasiado o lo único que nos resta ofrecer. Lo singular llega a ser lo múltiple.

Despite the similarities, in this version, there is no actual body that has been found, just like is the case of the tens of thousands, if not hundreds of thousands of absent bodies in Mexico (and many more throughout the hemisphere and the globe). Antígona is searching for one absent body. Just one. The body of her brother. And this story is mirrored throughout the text in crime reports, in testimonies from others who are engaged in the same search. The story repeats. And yet, it is just one.

The translation of *Antígona Gónzalez* begins with the specificity of this one absent body. In a world overwhelmed by bodies, brutalized bodies, mutilated bodies, neglected bodies, ignored bodies, exploding bodies, disappeared bodies, this translation is specific to this one body, this one person, this one search.

Translation becomes a response, a lifting, a hand offered to help to bear the weight. Translation is never enough, though often too much or all that we have to offer. One becomes many.

:

Antígona Gónzalez is also one text made out of many: built out of an array of citations, appropriations of language from myriad other sources, chronicled in Uribe's final note. The majority of these sources are texts in Spanish that have never

:

Antígona González también es un texto compuesto de muchos textos: construido a partir de una gama de citas, apropiaciones de lenguaje de múltiples fuentes, que se detallan en la nota de Uribe al final del libro. La mayoría de estas fuentes son textos en español que nunca han sido traducidos al inglés: *La tumba de Antígona* de María Zambrano, testimonios recogidos por la periodista Sanjuana Martínez, recortes de la nota roja de periódicos, una variedad de otras Antígonas latinoamericanas. Otra parte importante del libro de Uribe se construyó a partir de originales en inglés y traducciones de otras lenguas. En estos casos, entonces, las palabras que uso yo son o un retorno a los originales (Judith Butler y Harold Pinter) o una apropiación de traducciones al inglés del griego de Sófocles o el francés de Marguerite Yourcenar.

En todos los casos en que el texto original estaba en inglés, he optado por usar ese original. Esto me ha llevado a algunas inconsistencias aparentes. Cuando Uribe cita a Pinter, se apropia de la traducción ya-existente en español: "¿Qué le hizo declarar muerto al cadáver?" que originalmente fue, "What made you declare the dead body dead?" El traductor no-identificado de Pinter decidió traducir "dead body" como "cadáver" (a pesar del hecho de que el ritmo original del original "dead body dead" se borró con esa decisión). La traducción al español

been translated into English: *La tumba de Antígona* by María Zambrano, testimonies gathered by the Mexican journalist Sanjuana Martínez, clippings from the crime reports in newspapers, a variety of other Latin American Antígonas.

Another significant portion of Uribe's book was built out of texts originally in English or translations from other languages. In these cases, then, the words that I use are either a return to these originals (Judith Butler and Harold Pinter) or an appropriation of translations into English from the Greek of Sophocles or the French of Marguerite Yourcenar.

Whenever the original text was in English, I have used that original. This has led to some apparent inconsistencies. When Uribe quotes from Pinter, she appropriates the previously-existing Spanish translation: "¿Qué le hizo declarar muerto al cadáver?" which was originally, "What made you declare the dead body dead?" Pinter's unspecified Spanish translator decided to translate "dead body" as "cadáver" (even though the rhythm of the original "dead body dead" was erased by that decision). The Spanish translation has elided the repetition in the English of the word "dead" by replacing the "dead body" with a "cadáver." Normally in this book, I translate "cadáver" as "corpse," as I always try use the same word in English when the author has used the same word in Spanish. Here that is not possible, because in the original Pinter poem, there is a

ha suprimido la repetición en inglés de la palabra "dead" al remplazar "dead body" con un "cádaver." Normalmente en este libro traduzco "cadáver" como "corpse," porque siempre intento utilizar la misma palabra en inglés cuando el autor ha usado la misma palabra en español. Aquí no se puede, porque en el poema original de Pinter, hay un "dead body" pero no hay ni "cádaver" ni "corpse." En mi traducción al inglés (que también es un retorno al original), hay más cuerpos, cuerpos de diferentes tipos, cuerpos que se repiten, cuerpos muertos, cuerpos vivos, cuerpos adoloridos, una multiplicidad de cuerpos que se repiten.

En todos los casos en que existe una traducción previa, la he utilizado, aún así cuando ha conllevado una distancia mayor o inconsistencias entre las dos versiones. Esta distancia es evidente en la sección en la que Uribe apropia y después fragmenta poéticamente una traducción al español de Marguerite Yourcenar. Un ejemplo es en la frase "deslizándose invisible" que en la traducción al inglés se vuelve sencillamente "invisible" omitiendo el verbo "deslizarse." Al usar las traducciones previas, le doy prioridad al acto apropiativo o citacional del original de Uribe, abriéndonos a lo que podría parecer errores, ya que mis traducciones parecen tener divergencias notables del original. En este caso, el español de Uribe no es el original; el original es el francés de Yourcenar, y nosotros dos creamos poesías paralelas con las traducciones ya existentes.

"dead body" but not a "cadaver" or a "corpse." In my English translation (which is also a return to the original), there are more bodies, bodies of different types, repeated bodies, dead bodies, living bodies, bodies in pain, a multiplicity of repeating bodies.

Whenever there is a preexisting translation, I have used it, even when that meant a greater distance or inconsistencies between the two versions. This distance is evident in the section in which Uribe appropriates and then poetically fragments a Spanish translation of Marguerite Yourcenar. One example is the phrase "deslizándose invisible" which in the English translation becomes simply "invisible" omitting the verb "deslizarse," to slip, sneak or glide. By using the preexisting translation, I give priority to the citational or appropriative act of Uribe's original, opening us to what might appear to be errors, since my translations seem to have significant deviations from the original. In this case, Uribe's Spanish is not the original; the original is Yourcenar's French, and both Uribe and I are creating parallel poetries out of the existing translations.

Translation is a process of aesthetic decision-making, an entering into dialogue with the forms and strategies of the original. Another example of this is my decision to use a variety of English translations of Sophocles. In order to find quotes that functioned in Uribe's text congruently with her own usage

La traducción es un proceso de toma de decisiones estéticas, un entrar en diálogo con las formas y estrategias del original. Otro ejemplo en este sentido es mi decisión de usar una variedad de traducciones de Sófocles. Para poder encontrar citas que funcionaban dentro del texto de Uribe de manera congruente con su uso de la cita en español, me vi obligado a usar el trabajo de cuatro traductores distintos. Por ejemplo:

¿Me ayudarás a levantar el cadáver?

¿Enterrarás al hombre muerto, junto con esta mano mía? (Hugh Lloyd Jones)

¿Levantarás ese cadáver junto conmigo? (Elizabeth Wycoff)

si me ayudas ayúdame a levantar el cadáver (Anne Carson)

¡Ayuda a esta mano a levantar el cadáver de nuestro hermano! (George Theodoridis)

¿Me ayudarás a honrar a los muertos? (Marianne McDonald)

¿Si levantarás el cadáver con esta mano? (David Grene)
Lo voy a enterrar. ¿Vendrás? (Dudley Fitts and Robert Fitzgerald)

¿Te juntarás conmigo para levantar el cuerpo? (H.D.F. Kitto)

of the quote in Spanish, I was obliged to use the work of four different translators. For example:

> *¿Me ayudarás a levantar el cadáver?*
> *(Will you help me to lift the corpse?) (My translation of the Spanish)*
>
> *Will you bury the dead man, together with this hand of mine? (Hugh Lloyd Jones)*
>
> *Will you take up that corpse along with me? (Elizabeth Wycoff)*
>
> *if you help me help me lift the corpse (Anne Carson)*
>
> *Help this hand to lift our brother's corpse! (George Theodoridis)*
>
> *Will you help me to honour the dead? (Marianne McDonald)*
>
> *Whether you will lift the corpse with this hand? (David Grene)*
>
> *I am going to bury him. Will you come? (Dudley Fitts and Robert Fitzgerald)*
>
> *Will you join me in taking up the body? (H.D.F. Kitto)*

As can be seen, some of these English versions are not even questions, and so could not work. Others give a gender to

Como se puede apreciar, algunas de estas versiones (originalmente en inglés) ni siquiera son preguntas, y por lo tanto no podrían funcionar. Otras le asignan un género al cuerpo, algo que estoy reacio a agregar cuando Uribe (o la traducción que utilizó) no le asignó un género al cuerpo en esta línea en particular. Eventualmente, elegí la traducción de H.D.F. Kitto porque me parecía que era la que funcionaba mejor para cerrar el libro de Uribe (y para prestarle título a esta nota mía). Esta traducción también tiene el efecto de multiplicar aún más los cuerpos que se repiten en el poema de Pinter, intensificando un efecto ya presente en la versión en inglés.

La traducción se vuelve un proceso de búsqueda en el archivo, igual como escribir este libro fue para Uribe un proceso de buscar las palabras en textos ya existentes. Buscamos las palabras, los nombres.

> *Todos aquí iremos desapareciendo si nadie nos busca, si nadie nos nombra.*
>
> *All of us in this place will gradually disappear if no one looks for us, if no one names us.*

La traducción también es un acto de buscar juntos, uno al lado del otro, como vecinos. Estoy aquí en Tejas, y Uribe está cerca geográficamente hablando, al otro lado de la frontera en

the body, something I would be loath to add when Uribe (or the translation she used) has not gendered the body in this particular line. I eventually chose the translation of H.D.F. Kitto, because it seemed to be the one that worked best to close Uribe's book (and to lend a title to this note of mine). This translation also has the effect of further multiplying the repeating bodies of Pinter's poem, intensifying an effect already present in the translation.

Translation becomes a process of searching through the archive, just like writing this book for Uribe was a process of searching for the words in preexisting texts. We search for the words, for the names.

> *Todos aquí iremos desapareciendo si nadie nos busca, si nadie nos nombra.*
>
> *All of us in this place will gradually disappear if no one looks for us, if no one names us.*

Translation is also an act of searching together, alongside one another, as neighbors. I am here in Texas, and Uribe is close by geographically, across the border in Tamaulipas, only nine hours away on the buses that link Ciudad Victoria with my own neighborhood in Houston.

Tamaulipas, solo a nueve horas en los autobuses que vinculan Ciudad Victoria con mi vecindad en Houston.

Soy Sandra Muñoz, pero también soy Sara Uribe y queremos nombrar las voces de las historias que ocurren aquí.

I am Sandra Muñoz, but I am also Sara Uribe and we want to name the voices behind the stories that take place here.

Cuando traduzco esta frase, estoy escribiendo en la primera persona de alguien más; mi propia primera persona queda en limbo o retenida dentro de la voz de otra persona. "Soy Sandra Muñoz, pero también soy Sara Uribe". Sin embargo, al escribir esta nota, soy John Pluecker, otro contenedor para la identidad. Mi nombre en esta lista se hace notar: no mujer, no mexicana. Como estadounidense, estoy profundamente vinculado y soy cómplice de esta violencia, financiada e impulsada por el gobierno estadounidense.

No soy idéntico a Uribe, y me parece fundamental no obviar nuestras diferencias. La traducción permite que la diferencia siga existiendo y aún así que podamos trabajar una persona al lado de otra, como vecinos, como personas profundamente implicadas en una historia compartida.

La traducción insiste—a pesar de la intensidad y la amplitud del sufrimiento humano—que un lugar singular debe poder existir

Soy Sandra Muñoz, pero también soy Sara Uribe y queremos nombrar las voces de las historias que ocurren aquí.

I am Sandra Muñoz, but I am also Sara Uribe and we want to name the voices behind the stories that take place here.

When I translate this sentence, I am writing in someone else's first person; my own person is held in limbo or contained within the voice of another. "I am Sandra Muñoz, but I am also Sara Uribe." However, as I write this note, now I am John Pluecker, another container for identity. My name in this list of names stands out: not a woman, not Mexican. As a U.S. American, I'm also deeply linked to and complicit with this violence being funded and driven by the U.S. government.

I am not the same as Uribe, and it seems critical not to paper over our differences. Translation allows both for difference to continue to exist and for us to work alongside each other as neighbors, people deeply implicated in a shared story.

Translation is an insistence that despite the intensity and breadth of human suffering, one place must be able to exist as one place. One body must be able to exist as one body. Although multiplied, one should be enough.

Translation is a flexible and temporary alliance across great distance, great difference. An alliance recorded in a humble object made of paper and glue.

como un lugar singular. Un cuerpo singular debe poder existir como un cuerpo singular. Aunque se multiplique, uno debería ser suficiente.

La traducción es una alianza flexible y temporal a través de una distancia tremenda y una diferencia tremenda. Una alianza grabada en un objeto humilde de papel y pegamento.

En la última página de la versión original de Sur+ de esta edición del libro en México en 2012, hay una dedicatoria al final, escrita por la casa editorial. Me parece que es una buena manera de terminar mi nota: "Este libro está dedicado a todas las Antígonas y Tadeos, a los miles de desaparecidos en una guerra injusta y, por supuesto, inútil. Sin justicia no hay descanso posible. Ni remanso alguno".

On the last page of the original Sur+ edition of the book in Mexico in 2012, there is a final dedication, written by the press. It seems like a good way to end my note: "This book is dedicated to all the Antígonas and Tadeos, to the thousands of people disappeared in a war that is unjust and, of course, useless. Without justice there is no possibility of rest. Nor any refuge at all."

ABOUT THE AUTHOR AND THE TRANSLATOR
SOBRE LA ESCRITORA Y EL TRADUCTOR

Born in 1978 in Querétaro, Sara Uribe has lived in Tamaulipas since 1996. She graduated with an undergraduate degree in Philosophy; she received the Carmen Alardín Regional Poetry Prize in 2004, the Tijuana National Poetry Prize in 2005, and the Clemente López Trujillo Poetry Prize in 2005. She has been a grantee of the Fondo Nacional para la Cultura y las Artes (2006-2007) and of the Programa de Estímulos a la Creación y Desarrollo Artístico (2010 & 2013). She has published *Lo que no imaginas* (2005), *Palabras más palabras menos* (2006), *Nunca quise detener el tiempo* (2008), *Goliat* (2009) and *Siam* (2012). Her poems have appeared in periodicals and anthologies in Mexico, Peru, Spain, Canada, the United Kingdom, and the United States.

Sara Uribe (Querétaro, 1978) radica desde 1996 en Tamaulipas. Es licenciada en Filosofía. Recibió el Premio Regional de Poesía Carmen Alardín 2004, el Premio Nacional de Poesía Tijuana 2005 y el Premio Nacional de Poesía Clemente López Trujillo 2005. Ha sido becaria del Fondo Nacional para la Cultura y las Artes (2006-2007) y del Programa de Estímulos a la Creación y Desarrollo Artístico (2010 y 2013). Ha publicado *Lo que no imaginas* (2005); *Palabras más palabras menos* (2006); *Nunca quise detener el tiempo* (2008); *Goliat* (2009) y *Siam* (2012).

Poemas suyos han aparecido en publicaciones periódicas y antologías de México, Perú, España, Canadá, Reino Unido y Estados Unidos.

John Pluecker is a writer, interpreter, translator, and co-founder of the language justice and literary experimentation collaborative Antena. He has translated numerous books from the Spanish, including *Tijuana Dreaming: Life and Art at the Global Border* (Duke University Press, 2012) and *Feminism: Transmissions and Retransmissions* (Palgrave Macmillan, 2011). His most recent chapbooks are *Killing Current* (Mouthfeel Press, 2012), *Ioyaiene* (Fresh Arts, 2014), and *An Accompanying Text* (She Works Flexible, 2015). In 2016, Noemi Press published his book of poetry and image, *Ford Over.*

John Pluecker es escritor, intérprete, traductor y co-fundador del colaborativo Antena dedicado a la justicia de lenguaje y la experimentación literaria. Ha publicado numerosos libros traducidos del español al inglés, incluyendo *Tijuana Dreaming: Life and Art at the Global Border* (Duke University Press, 2012) y *Feminism: Transmissiones and Retransmissions* (Palgrave Macmillan, 2011). Sus plaquettes más recientes incluyen *Killing Current* (Mouthfeel Press, 2012) y *Ioyaiene* (Fresh Arts, 2014) y *An Accompanying Text* (She Works Flexible, 2015). In 2016, Noemi Press publicó su primer libro de poesía e imágenes, *Ford Over.*